CONSERVAS
DO MEU BRASIL
COMPOTAS, GELEIAS E ANTEPASTOS

Administração Regional do Senac no Estado de São Paulo
Presidente do Conselho Regional
Abram Szajman
Diretor do Departamento Regional
Luiz Francisco de A. Salgado
Superintendente Universitário e de Desenvolvimento
Luiz Carlos Dourado

Editora Senac São Paulo
Conselho Editorial
Luiz Francisco de A. Salgado
Luiz Carlos Dourado
Darcio Sayad Maia
Lucila Mara Sbrana Sciotti
Jeane Passos de Souza

Gerente/Publisher
Jeane Passos de Souza (jpassos@sp.senac.br)
Coordenação Editorial/Prospecção
Luís Américo Tousi Botelho (luis.tbotelho@sp.senac.br)
Dolores Crisci Manzano (dolores.cmanzano@sp.senac.br)
Administrativo
grupoedsadministrativo@sp.senac.br
Comercial
comercial@editorasenacsp.com.br

Edição de Texto
Rafael Barcellos Machado
Preparação de Texto
Karinna A. C. Taddeo
Revisão de Texto
Heloisa Hernandez (coord.)
Patricia B. Almeida
Projeto Gráfico e Capa
Antonio Carlos De Angelis
Fotografias
Luna Garcia – Estúdio Gastronômico
Impressão e Acabamento
Coan Indústria Gráfica

Rua 24 de Maio, 208 – 3º andar
Centro – CEP 01041-000
Caixa Postal 1120 – CEP 01032-970 – São Paulo – SP
Tel.(11) 2187-4450 – Fax (11) 2187-4486
E-mail: editora@sp.senac.br
Home page: http://www.livrariasenac.com.br

Dados Internacionais de Catalogação na Publicação (CIP)
(Jeane Passos de Souza - CRB 8ª/6189)

Gondim, Gil
Conservas do meu Brasil : compotas, geleias e antepastos / Gil Gondim. – São Paulo: Editora Senac São Paulo, 2015.

ISBN 978-85-396-0888-1

1. Culinária brasileira 2. Conservas : Alimentos (receitas e preparo) 3. Compotas : Alimentos (receitas e preparo) 4. Geleias : Alimentos (receitas e preparo) 5. Antepastos : Alimentos (receitas e preparo) I. Título.

CDD 641.612
641.852
BISAC CKB003000
15-332s CKB15000

Índice para catálogo sistemático:
1. Culinária brasileira : Conservas 641.612
2. Culinária brasileira : Geleias e compotas 641.852

GIL GONDIM

CONSERVAS

DO MEU BRASIL

COMPOTAS, GELEIAS E ANTEPASTOS

EDITORA SENAC SÃO PAULO – SÃO PAULO – 2015

SUMÁRIO

NOTA DO EDITOR

Conservas são deliciosas ao paladar e muito deleitáveis para os olhos, além de ajudarem a compor uma refeição completa.

Como antepasto, podemos saborear uns pãezinhos com sardela ou berinjela piemontese, e a salada verde de entrada sempre vai muito bem com uma conserva de palmitos. Se o prato principal for uma lasanha ou macarronada, o toque especial pode ser aquele molho feito com tomates em conserva, e para sobremesa... ah, sobram opções! Goiabada com queijo branco, doce de leite, compota de pêssego ou figo, geleias... é de dar água na boca, ainda mais se forem conservas caseiras, feitas com um toque especial de cuidado e carinho.

Todo esse sabor, cor e versatilidade são retomados em **Conservas do meu Brasil**, livro que apresenta as técnicas necessárias para a boa preservação de alimentos em vidros, além de 58 receitas compiladas pela prestigiada banqueteira Gil Gondim.

Então, prepare os tachos e embarque com o Senac São Paulo nessa viagem pelos sabores de conservas típicas de todo o país; relembre sabores clássicos já consagrados e conheça novos e deliciosos paladares.

Gil Gondim

SOBRE A AUTORA

O amor pela gastronomia, aliado ao dom divino, levou a mineira Gilmara Gondim a criar, em 2004, a banqueteria que leva seu nome: "Gil Gondim", sinônimo de bom gosto, qualidade e atendimento personalizado. Após mais de 10 anos buscando aperfeiçoar suas técnicas, ela agora divide conosco o prazer dos paladares que descobriu.

Gil tem uma preocupação especial com a origem e excelência dos produtos que entram em sua cozinha, por isso os escolhe pessoalmente e entende que este é seu diferencial, pois, para que sua criatividade se transforme nos sabores e texturas certos, ela sente que precisa participar desde a seleção das matérias-primas até a forma adequada de servir suas iguarias, passando obviamente pela execução de cada prato.

Nessa busca por melhores ingredientes e fornecedores, Gil redescobriu seu amor por conservas. Muitas já faziam parte de suas memórias, dos tempos em que era criança e participava com seus familiares na produção das compotas, doces e outras conservas que seriam consumidas por todos nos finais de semana. Outras foram desenvolvidas ou aperfeiçoadas por ela ao longo dos anos, compondo uma singela coleção de vidros coloridos e deliciosos, cujas receitas a autora compartilha conosco, como uma dádiva.

DEDICATÓRIA

Dedico este livro ao meu marido, João Marcos Gondim, meu companheiro que está ao meu lado dia a dia, compartilhando todos os momentos da minha vida, e que se fez presente em cada etapa deste livro. Quantas noites cochilou na mesa enquanto eu escrevia, quantos percalços vivemos e que juntos vencemos. Uniu o seu sonho profissional ao meu, e com simpatia e prontidão conquista clientes e conduz a equipe. Sua calma e paciência me ajudam a conduzir cada evento. Ele é, sem dúvidas, um presente de Deus em minha vida. Sei que hoje os meus sonhos são os dele, portanto esta conquista é nossa.

Dedico-o também a todos os leitores que possam viver momentos mágicos em família. Desejo que suas vidas sejam marcadas de bênçãos em cada refeição.

AGRADECIMENTOS

Agradeço, acima de tudo, a Deus, que com sua bondade me presenteou com o dom e o talento da gastronomia. O dom que me leva a servir às pessoas e o talento que alimenta não só o corpo, mas a alma. Obrigada, Senhor, por me proporcionar este momento em que pude resgatar receitas que fazem parte da história do nosso país.

PREFÁCIO

Culinária, para mim, é assunto de família, especialmente quando penso em conservas, compotas e geleias. Minha mãe, Ieda, despertou em mim o desejo de cozinhar, pois cresci em meio aos quitutes e aos doces que ela fazia com amor e carinho. Ainda posso sentir o aroma que subia dos seus tachos. Além da mamãe, minhas tias Dagmar, Madalena e Venina me ensinaram muito sobre compotas e doces, assim como várias amigas muito queridas, como a dona Irení e a Assunta, minha cliente e amiga de origem italiana, que me ensinou tudo que sei sobre antepastos. Suas críticas construtivas me ajudaram a aprimorar meu talento.

Sendo assim, foi com muita alegria que recebi o convite para escrever este livro e compartilhar tudo aquilo que tenho aprendido ao longo dos anos. Ao escrevê-lo, pude contar com o apoio e a ajuda de muitos outros familiares e amigos, como a minha sogra, Vilma, que ofereceu palavras de ânimo, além de me corrigir quando necessário. Ela procurou incansavelmente várias das frutas e me ajudou a desenvolver e testar muitas das receitas. Com seu jeito simples e sábio, conquista minha admiração a cada dia.

Minha prima, Stefania, que sempre demonstra amor, carinho e orgulho por mim, incentivou-me a escrever e acreditar que seria possível ver este livro publicado. Já a Simone Saccoman passou horas me ajudando na digitação do livro, já que tudo estava anotado a lápis. Foram divertidos os momentos em que ela não entendia a receita e me fazia reescrever tudo.

E não posso deixar de mencionar o meu pai, Carlin, que sempre acreditou no meu sucesso e com quem aprendi a ser forte e superar as adversidades, a cair e a levantar sem nunca deixar de sonhar. Meus irmãos, Angelo e Glenda; meu sogro, Manoel, que sempre me faz rir. Estar perto dele é alimentar a alma de alegria; e meus amigos pastor Carlos Alberto e Marcia, a quem agradeço imensamente pelas infinitas orações e pelos conselhos.

Contando com o apoio de tantos amigos e familiares, só posso dizer que me senti muito reconfortada e segura ao transformar este sonho em realidade.

Além desse amplo amparo familiar, todas as receitas e técnicas que você encontrará nas páginas a seguir foram testadas com a valiosíssima ajuda profissional da minha equipe da Banqueteira Gil Gondim e de meu filho de coração, Raphael – meu crítico naquilo que cozinho. E posso dizer que todas as receitas foram aprovadas por meus clientes, que manifestaram sua preciosa opinião. Vá em frente e experimente-as: elas estão prontas para serem reproduzidas em sua própria cozinha.

INTRODUÇÃO

Ao elaborar ou mesmo ajustar as receitas reunidas neste livro, pude viver um momento de nostalgia, lembrando-me de cada lugar em que passei ou vivi. Tentei reproduzir um pouco de cada região do Brasil e colocar nos tachos o sabor doce da minha infância. São 58 receitas em que convido o leitor a viajar pelo país e a viver um pouco da cultura gastronômica do nosso povo.

Este livro está dividido em cinco capítulos, cada um destacando um tipo de conserva, além de técnicas que prolongam a vida útil dos alimentos e tornam possível o seu consumo na entressafra. No capítulo 1 falamos de **compotas**, feitas com frutas inteiras ou em pedaços, cozidas em calda de água e açúcar e aromatizadas com especiarias ou bebidas alcoólicas. A compota é o primeiro passo para o preparo de frutas cristalizadas, bastando escorrer as frutas, passá-las em açúcar cristal e deixá-las secar em uma peneira.

O capítulo 2 traz os **doces**, receitas de família, passadas de geração em geração. Diferentemente das compotas, eles são produzidos a partir da cocção em fogo brando da fruta batida ou triturada, com o açúcar, até obter-se o ponto desejado.

No capítulo 3 veremos as **geleias**, obtidas pela cocção de frutas ou outros alimentos com açúcar, água, ácido e pectina, até que seja atingida a consistência gelatinosa. A pectina é uma substância encontrada nas frutas, em especial na maçã, que se gelifica quando em presença de ácidos e açúcar.

O capítulo 4 traz as **conservas** propriamente ditas, que tanto podem ser doces – preparadas basicamente com fruta, xarope, água e açúcar – quanto salgadas – mais populares em nosso país, produzidas usando-se como base de conservação a salmoura, o vinagre, o azeite, o vinho ou outra bebida ou óleo comestível.

Por fim, o capítulo 5 apresenta os **antepastos e picles**. A palavra antepasto vem do italiano e significa "antes da refeição", sendo usada para designar uma combinação variada de ingredientes saborosos e coloridos, geralmente servidos com grissini, pães e torradas. Quanto aos picles, é comum associá-los às conservas de pepino quando, na verdade, são conservas de frutas e vegetais variados (como a pera) em vinagre e sal. Quanto mais tempo o vidro ficar lacrado, maior a fermentação e a acidez do alimento, resultando em um produto mais picante.

TÉCNICAS

Antes de passarmos às receitas, é necessário e primordial aprender algumas técnicas abordadas no livro, que fazem toda a diferença para se obter uma ótima conservação dos produtos.

▸ SELEÇÃO DOS ALIMENTOS

Escolha a matéria-prima de acordo com a sazonalidade, para aproveitar melhor o sabor de cada ingrediente. As frutas e os legumes devem estar firmes e maduros. Retire as partes amassadas ou estragadas para evitar a alta atividade de enzimas que prejudicam o sabor e a preservação do produto.

▸ HIGIENIZAÇÃO DA MATÉRIA-PRIMA

As frutas e os legumes devem ser lavados em água corrente (os que serão preparados com casca devem ser lavados com uma buchinha específica para esse fim). Depois, devem ser higienizados com uma solução desinfetante, que pode ser adquirida em supermercados ou preparada em casa, usando-se uma das seguintes receitas:

- **SOLUÇÃO DE VINAGRE:** misture 2 colheres (sopa) de vinagre para cada litro de água. Deixe as frutas e os legumes mergulhados nessa solução por 30 minutos.
- **SOLUÇÃO DE HIPOCLORITO DE SÓDIO (ÁGUA SANITÁRIA):** misture 1 colher (sopa) de água sanitária para cada litro de água. Deixe os alimentos mergulhados por 15 minutos. Em seguida, é necessário lavá-los em água corrente.

▸ HIGIENIZAÇÃO DE VIDROS, UTENSÍLIOS E PANOS DE PRATO

Após a higienização da matéria-prima, é necessário lavar todo o material a ser utilizado na elaboração das conservas. Isso inclui talheres, peneiras, tábuas, panelas, facas, pinças, escorredores, etc. Deixe-os de molho na solução de hipoclorito de sódio apresentada anteriormente.

Os panos de prato devem ser brancos, de algodão e sem detalhes. Lave-os em água quente com sabão em pó e água sanitária. Passe-os com ferro quente e guarde-os dentro de saquinhos plásticos novos. Somente os use para trabalhar com as conservas.

Os vidros, mesmo sendo novos (recomendado), devem ser lavados com bucha e detergente e enxaguados com água corrente abundantemente. Depois, devem ser deixados de molho na solução de hipoclorito de sódio.

▸ ESTERILIZAÇÃO DOS VIDROS

De todo o processo, esta etapa é, sem dúvidas, uma das mais importantes.

Forre o fundo de um tacho (ou de uma panela) com um pano limpo e disponha os frascos de vidro que serão utilizados no dia. Coloque água suficiente para cobrir completamente os potes e deixe ferver durante 10 minutos. Com uma pinça esterilizada, retire-os e deixe escorrer de cabeça para baixo em um pano limpo e esterilizado. Coloque os vidros em uma assadeira, com a boca para cima. Leve-os ao forno preaquecido a 110 °C (baixo) e seque-os por 8 minutos. A temperatura não poderá ser maior para não rachar os recipientes. Utilize-os o quanto antes.

ESTERILIZAÇÃO DAS TAMPAS

As tampas deverão seguir o mesmo procedimento dos vidros, porém em tempo menor: deixe-as na água fervente por 2 minutos e no forno pelo mesmo tempo. Utilize tampas de alumínio novas.

ENVASE

O alimento deve ser envasado quente, seja ele um doce, uma compota, uma conserva ou uma geleia. Encha por completo os vidros e, no caso das geleias, deixe 2 cm de borda. Após encher os frascos, se necessário, retire o ar com o auxílio de uma faca esterilizada, eliminando quaisquer bolsões de ar que restem dentro do recipiente. Com a tampa esterilizada, feche bem o pote.

Deve-se envasar em uma superfície plana e em temperatura ambiente. Não coloque os vidros direto em superfícies como mármores, granitos ou inox frio, pois isso pode rachá-los. Lembre-se de não colocar as mãos nos vidros para evitar queimaduras. É preciso ter muito cuidado no processo de envase. Neste momento, os cuidados com a higiene devem ser redobrados.

PASTEURIZAÇÃO (VÁCUO)

Esta etapa assegura a durabilidade do alimento. Feito o procedimento a vácuo, a maioria dos contaminantes não poderá se desenvolver em virtude da ausência de oxigênio. Para proceder à pasteurização, é necessário colocar um pano no fundo de um tacho (ou de uma panela), dispor os vidros já lacrados, cobri-los com água acima da tampa e ferver de acordo com a indicação a seguir (ou de acordo com o que vier descrito em cada receita):

- vidros de até 270 mℓ: 10 minutos;
- vidros de 270 a 500 mℓ: 15 minutos;
- vidros acima de 500 mℓ: 30 minutos.

Os minutos devem ser contados a partir do momento em que a água começar a ferver. Deixe os vidros na água até esfriar.

TESTE DO PONTO E ENVASE DE GELEIAS

Para testar o ponto da geleia, é preciso fazer o teste do pires. Leve um pires ao freezer até ficar frio (de 10 a 15 minutos), retire-o e coloque uma colher de geleia nele. Se ela ficar com consistência de gel, está no ponto.

As geleias não devem ser pasteurizadas, pois apresentam uma consistência delicada e passam do ponto facilmente. A conservação ocorre de forma natural por conterem açúcar e ácido em uma ótima proporção, o que prolonga a sua validade. Devem ser envasadas ainda quentes. Após envasá-las, tampe-as e deixe os vidros de cabeça para baixo por 2 minutos para criar o vácuo. Depois, desvire o recipiente e verifique se as tampas estão bem lacradas.

CHECAR O VÁCUO

Seguem algumas técnicas para checar o vácuo das conservas:

- note se a tampa do vidro está ligeiramente afundada, pois isso indica que o processo foi bem-sucedido;
- após 24 horas, pegue uma das conservas e observe se faz um barulho oco ao abri-la;
- deixe os vidros de cabeça para baixo por algum tempo, assim perceberá se houver vazamento na tampa;
- as conservas que depois de algum tempo apresentam tampas infladas estão contaminadas e devem ser descartadas.

VALIDADE

Se todo o processo descrito foi seguido, a validade das conservas, das compotas, dos doces e das geleias varia de 6 meses a 1 ano, podendo alcançar até 2 anos com segurança. Guarde sempre em local seco, fresco e com ausência de luz, pois a claridade faz a conserva perder a cor.

COMPOTAS

COMPOTA DE GOIABA

Muito popular em nosso país, a goiaba pode ser consumida ao natural, com ou sem casca, e utilizada na fabricação de geleias, compotas, doces, goiabadas, sucos e sorvetes, nos molhos de tomate, ajudando a equilibrar a acidez, e nos molhos agridoces, como o ketchup de goiaba.

INGREDIENTES

4 kg de goiaba (vermelha ou branca) madura e firme
6 xícaras (chá) de açúcar cristal
3,5 ℓ de água

PREPARO

1. Descasque as goiabas, corte-as ao meio e retire o miolo, deixando as cascas limpas.
2. Faça uma calda em ponto ralo: dissolva o açúcar na água e leve ao fogo médio por aproximadamente 20 minutos; acrescente as goiabas e deixe cozinhar por mais 30 minutos.
3. Acondicione a compota em vidros esterilizados e faça o processo de pasteurização para obter maior durabilidade.

DICA TODO DOCE DE GOIABA LEMBRA "ROMEU E JULIETA", ENTÃO SIRVA COM CREME DE LEITE OU QUEIJO FRESCO.

TEMPO DE PREPARO	FRUTAS: 40 MINUTOS
TEMPO DE COZIMENTO	50 MINUTOS
RENDIMENTO	3 VIDROS DE 600 ML

COMPOTA DE
CASCA DE LIMÃO-CRAVO E LARANJA

Limão-cravo, limão-rosa, limão-china, limão-vinagre: esses são alguns de seus nomes mais populares. Embora seja muito saboroso, ácido e rico em vitamina C, ele é pouco comercializado. Com uma cor alaranjada e suco abundante, caiu no gosto dos grandes chefs e cada vez mais conquista novos paladares.

INGREDIENTES

500 g de limão-cravo
500 g de laranja
Água para o cozimento

PARA A CALDA
500 ml de água
400 ml de suco de laranja
1 kg de açúcar cristal
1 canela em pau

PREPARO

1. Lave o limão e a laranja e lixe as cascas até ficarem com a aparência lisa.
2. Corte-os em quatro pedaços e tire todo o bagaço.
3. Deixe as cascas de molho por três dias, trocando a água duas vezes ao dia.
4. Despreze a última água do molho e leve as cascas a uma panela com bastante água. Cozinhe-as por aproximadamente 50 minutos, até ficarem macias, mexendo sempre. Descarte a água do cozimento.
5. Prepare a calda: misture a água com o suco de laranja, o açúcar e a canela em pau. Deixe cozinhar por aproximadamente 40 minutos até obter uma calda em ponto de fio.
6. Acondicione em vidros esterilizados e faça o processo a vácuo.

DICA O DOCE DE CASCA DE LIMÃO-CRAVO E LARANJA FICA MUITO BOM QUANDO SERVIDO COM DOCE DE LEITE.

TEMPO DE PREPARO	FRUTA: 3 DIAS DE IMERSÃO (CASCAS)
TEMPO DE COZIMENTO	1 HORA E 30 MINUTOS
RENDIMENTO	3 VIDROS DE 250 ML

COMPOTA DE SAPOTI

Com polpa amarelada e casca fina, que varia entre as cores castanho e marrom, o sapoti é saboroso e pode ser consumido ao natural, porém é mais utilizado sob a forma de doces, sucos e bolos.

INGREDIENTES

1 kg de sapoti
2 xícaras (chá) de água
2 xícaras (chá) de açúcar cristal
2 colheres (sopa) de suco de limão

PREPARO

1. Corte o sapoti ao meio, retire os caroços e descasque-o.
2. Faça uma calda com a água e o açúcar em fogo médio por 20 minutos.
3. Adicione o sapoti e o suco de limão.
4. Deixe cozinhar por 15 minutos.
5. Disponha em vidros esterilizados e faça o processo a vácuo.

DICA SIRVA A COMPOTA DE SAPOTI GELADA COM SORVETE DE LIMÃO.

TEMPO DE PREPARO	30 MINUTOS
TEMPO DE COZIMENTO	35 MINUTOS
RENDIMENTO	2 VIDROS DE 600 ML

COMPOTA DE CAJU

Nativo do Brasil, o caju tem ganhado o mundo, sendo utilizado na preparação de doces, sucos, cajuína e cachaça, e na substituição da carne em pratos vegetarianos.

INGREDIENTES

3 kg de caju
6 xícaras (chá) de açúcar cristal
3 ℓ de água

PREPARO

1. Retire a castanha do caju, descasque-o e remova a sua pontinha.
2. Fure o caju com um garfo e esprema-o bem para retirar o excesso de suco.
3. Coloque-o em uma vasilha com água e repita esse procedimento por cinco vezes.
4. Faça uma calda com o açúcar e a água, junte o caju e deixe cozinhar por aproximadamente 20 minutos, retirando a espuma.
5. Disponha a compota em vidros esterilizados e faça o processo a vácuo.

DICA SIRVA A COMPOTA DE CAJU COM QUEIJO COALHO GRELHADO.

NOTA DA AUTORA: desde criança adoro caju, seja na compota, no vinagrete, puro, com sal ou como suco. Por esse motivo, sempre que via alguém prepará-lo para as compotas, lá estava eu. Ao buscar inspirações para testar mais uma receita, lembrei que minha tia/madrinha Dagmar é quem fazia as compotas de caju da família – foi nostálgico, lembrei-me até da pia da cozinha do lado de fora de sua casa, onde eu, cuidadosamente, descascava, furava e espremia os cajus para que a compota ficasse perfeita. Depois de pronta, eu sempre ganhava um vidro a mais por ter ajudado, e isso, para mim, era simplesmente o melhor pagamento.

TEMPO DE PREPARO	1 HORA
TEMPO DE COZIMENTO	20 MINUTOS
RENDIMENTO	4 VIDROS DE 600 ML

COMPOTA DE ABÓBORA

Por ser versátil, a abóbora aparece em muitas receitas, e não poderia deixar de fora deste livro um clássico como este doce, belíssimo para compor uma mesa, em qualquer ocasião.

INGREDIENTES

2 kg de abóbora de pescoço
2 colheres (sopa) de cal virgem
4 ℓ de água

PARA A CALDA

1 kg de açúcar cristal
2 xícaras (chá) de água
Cravo-da-índia a gosto
Canela em rama a gosto

PREPARO

1. Corte a abóbora em pedaços regulares.
2. Use a cal virgem para fazer um sachê com gazes esterilizadas (podem ser compradas em farmácias).
3. Deixe a abóbora de molho na água com o sachê de cal por 50 minutos.
4. Lave bem os pedaços de abóbora e escorra.
5. Prepare uma calda rala com o açúcar, a água, o cravo-da-índia e a canela.
6. Coloque os pedaços de abóbora na calda e deixe ferver até que comecem a ficar transparentes.
7. Deixe esfriar, acondicione em vidros esterilizados e faça o processo a vácuo.

DICA PARA FAZER ABÓBORA CRISTALIZADA, DEPOIS DE PRONTA A COMPOTA, COLOQUE-A EM UMA PENEIRA PARA ESCORRER A CALDA. PASSE OS PEDAÇOS DE ABÓBORA EM AÇÚCAR CRISTAL E DEIXE SECAR.

TEMPO DE PREPARO	1 HORA
TEMPO DE COZIMENTO	30 MINUTOS
RENDIMENTO	4 VIDROS DE 600 ML

COMPOTA DE
PITANGA

Árvore nativa da Mata Atlântica brasileira, a pitangueira é a responsável por nos presentear com uma fruta carnosa e em formato de bolinha com gomos. Entre suas cores vibrantes, estão o verde, o amarelo e o vermelho intenso, e hoje também é possível encontrar a cor preta. A forma mais comum de comercialização é como polpa para suco, por causa de sua fragilidade no transporte.

INGREDIENTES

500 g de pitanga
1 ℓ de água
2 xícaras (chá) de açúcar cristal
1 xícara (chá) de cachaça

PREPARO

1. Retire os talinhos das pitangas e reserve-as.
2. Em uma panela pequena, misture a água, o açúcar e a cachaça, dissolva-os bem e leve ao fogo. Não mexa a mistura com uma colher, apenas gire a panela até formar uma calda grossa.
3. Acrescente as pitangas e faça o mesmo movimento com a panela, até as pitangas ficarem todas envolvidas na calda.
4. Ao levantar fervura, deixe cozinhar por aproximadamente 8 minutos.
5. A espuma que se forma durante o cozimento desaparece quando o doce esfria.
6. Acondicione em vidros esterilizados e faça o processo de pasteurização (vácuo).

DICA DURANTE A COCÇÃO, NÃO MEXA A MISTURA COM UMA COLHER, POIS, SE FERIR AS PITANGAS, PODERÁ AMARGAR A COMPOTA. SIRVA COM SORVETE DE CREME.

TEMPO DE PREPARO	10 MINUTOS
TEMPO DE COZIMENTO	30 MINUTOS
RENDIMENTO	3 VIDROS DE 240 ML

COMPOTA DE ABÓBORA CABOTIÁ

Com cor amarelo-alaranjada, casca verde com marcas claras, consistência dura e sabor adocicado, a abóbora cabotiá é um ingrediente versátil na gastronomia, podendo ser utilizada para doces ou como um simples e saboroso acompanhamento para carne-seca.

INGREDIENTES

1 kg de abóbora cabotiá em pedaços
2 limões (cascas e suco)
1 kg de açúcar cristal
1 ℓ de pectina (ver receita em Geleia de cachaça, p. 85)
Gengibre (opcional)

PREPARO

1. Em um refratário, coloque os pedaços de abóbora, as cascas e o suco dos limões, e cubra com o açúcar. Deixe macerar por 12 horas.
2. Despeje o macerado em uma panela, adicione a pectina e uma pitada de gengibre ralado, e deixe cozinhar em fogo alto rapidamente, observando o ponto de gelificação.
3. Acondicione em vidros esterilizados e faça o processo de pasteurização (vácuo).

DICA TESTEI ESTA COMPOTA COMO ACOMPANHAMENTO DE BOLINHO DE CARNE-SECA COM ABÓBORA CABOTIÁ E MOLHO DE PIMENTA DEDO-DE-MOÇA, E FOI UM SUCESSO.

TEMPO DE PREPARO	CABOTIÁ: 12 HORAS PARA MACERAR
TEMPO DE COZIMENTO	20 A 30 MINUTOS
RENDIMENTO	2 VIDROS DE 600 ML

COMPOTA DE CUPUAÇU

Originário da Amazônia, com casca dura e polpa branca e aveludada, o cupuaçu é muito usado no norte do Brasil para a elaboração de doces e também sob a forma de polpa na preparação de sucos.

INGREDIENTES

500 mℓ de água
4 ½ xícaras (chá) de açúcar cristal
4 ½ xícaras (chá) de polpa de cupuaçu

PREPARO

1. Em uma panela, coloque a água e o açúcar, e deixe ferver por 25 minutos.
2. Adicione a polpa de cupuaçu e deixe cozinhar por 10 minutos.
3. Disponha em vidros esterilizados e faça o processo a vácuo por 30 minutos.

DICA SE QUISER UMA SOBREMESA DELICIOSA, SIRVA A COMPOTA COM UMA CALDA DE CHOCOLATE AO LEITE COM CASTANHAS-DO-PARÁ SALPICADAS.

TEMPO DE PREPARO	10 MINUTOS
TEMPO DE COZIMENTO	35 MINUTOS
RENDIMENTO	3 VIDROS DE 400 ML

COMPOTA DE JACA

Aroma intenso, polpa cremosa, cor amarelada e casca áspera: assim se define a jaca, cultivada na região amazônica e em toda a faixa tropical do Brasil. Pode ser consumida ao natural ou usada na preparação de doces e geleias.

INGREDIENTES

1 jaca (7 kg de fruta rendem, aproximadamente, 1,5 kg de polpa)
4 xícaras (chá) de açúcar cristal
2,5 ℓ de água

PREPARO

1. Corte a jaca, retire a polpa e descarte a semente, tendo o cuidado para manter a polpa inteira.
2. Faça uma calda com o açúcar e a água, adicione a jaca e deixe cozinhar por 10 minutos.
3. Acondicione em vidros esterilizados e faça o processo a vácuo.

DICA DE SABOR PECULIAR, A COMPOTA DE JACA PODE SER SERVIDA COMO ENTRADA EM JANTARES. FAÇA CESTINHOS DE MASSA FILO COM RECHEIO DE QUATRO QUEIJOS E SIRVA-OS COM A COMPOTA. VOCÊ SURPREENDERÁ SEUS CONVIDADOS.

NOTA DA AUTORA: quando comecei a resgatar as receitas de família, procurei minha tia Venina para me ajudar a recordar algumas delas que haviam se perdido. E se tem um doce que me faz lembrá-la é a compota de jaca, porque há uma jaqueira imensa na porta de sua casa na fazenda. Quando começamos a falar dos doces, perguntei a ela o porquê de todas as suas compotas de jaca serem guardadas de cabeça para baixo. Sabe qual foi a resposta? Ela olhou pra mim, pensativa, e de repente disse: "Não sei". Não preciso nem dizer que tudo acabou em gargalhadas.

TEMPO DE PREPARO	40 MINUTOS
TEMPO DE COZIMENTO	35 MINUTOS
RENDIMENTO	3 VIDROS DE 600 ML

COMPOTA DE CAJÁ

Cajá ou taperebá, esses são alguns dos vários nomes pelos quais o fruto da cajazeira é chamado. Conhecido por ser suculento, azedo, aromático e amarelo, o cajá é muito utilizado em sucos e licores, principalmente no norte e no nordeste do país.

INGREDIENTES

1 kg de cajá maduro
3 xícaras (chá) de açúcar demerara
100 mℓ de água

PREPARO

1. Lave os cajás e descasque-os.
2. Coloque o açúcar em uma panela e, quando caramelizar, coloque os cajás.
3. Acrescente água, mexa com cuidado e deixe no fogo brando, até parecer uma geleia.
4. Acondicione em vidros esterilizados e faça o processo de pasteurização (vácuo).

DICA QUANDO A COMPOTA COMEÇA A FERVER, CRIA UMA ESPUMA. MEXA COM CUIDADO PARA NÃO ESTRAGAR O CAJÁ.

TEMPO DE PREPARO	25 MINUTOS
TEMPO DE COZIMENTO	30 A 40 MINUTOS
RENDIMENTO	2 VIDROS DE 600 ML

COMPOTA DE UMBU

Conhecida como a árvore da resistência, o umbuzeiro desafia as piores estiagens do sertão da Bahia e nos presenteia com o umbu, de sabor azedinho que lhe é característico. É muito utilizado na elaboração de sorvetes, sucos, geleias, doces e umbuzadas.

INGREDIENTES

2 kg de açúcar cristal
2 ℓ de água
2,5 kg de umbu

PREPARO

1. Faça uma calda rala com o açúcar e a água, levando ao fogo médio por 40 minutos.
2. Coloque o umbu nos vidros esterilizados, adicione a calda quente, lacre bem a tampa e leve para ferver sob imersão por 25 minutos. Deixe esfriar na própria água do cozimento.
3. Mantenha na geladeira por três dias antes do consumo.

TEMPO DE PREPARO	3 DIAS ANTES DO CONSUMO
TEMPO DE COZIMENTO	1 HORA E 5 MINUTOS
RENDIMENTO	5 VIDROS DE 600 ML

COMPOTA DE PERA

Tendo o sul do Brasil como o seu maior produtor, a pera é pouco calórica e rica em fibras. É muito consumida ao natural, mas pode ser utilizada em geleias, compotas, tortas, cremes, sobremesas, sorvetes e caldas para acompanhar pratos à base de queijo.

INGREDIENTES

8 peras packham, firmes e maduras
1 xícara (chá) de açúcar cristal
800 ml de suco de tangerina ou água
½ colher (chá) de açafrão em pó
2 cravos-da-índia
2 paus de canela
200 ml de vinho branco seco
2 colheres (sopa) de suco de limão

PREPARO

1. Descasque as peras e mantenha os cabos, e lixe-as para deixar um aspecto uniforme.
2. Faça uma calda rala com o açúcar, o suco ou a água e o açafrão em pó. Quando começar a ferver, junte o cravo-da-índia e a canela, e deixe por mais 2 minutos. Acrescente as peras com os cabos para cima, adicione o vinho e o suco de limão, e balance a panela.
3. Tampe a panela e vá girando-a por aproximadamente 30 minutos. Cozinhe em fogo baixo, deixando as peras firmes.
4. Deixe esfriar e leve para gelar por 6 horas antes de servir em uma compoteira.

DICA ESTA COMPOTA É ÓTIMA PARA AS FESTAS DE FIM DE ANO. RÁPIDA E DE APARÊNCIA MARCANTE, PODE SER SERVIDA COM SORVETE DE PISTACHE. UTILIZE AS CASCAS PARA FAZER SUCO OU CHÁ.

TEMPO DE PREPARO	FRUTA: 20 MINUTOS
TEMPO DE COZIMENTO	1 HORA E 30 MINUTOS
RENDIMENTO	1 COMPOTEIRA DE 2 KG

COMPOTA DE MANGA

Com polpa suculenta e muito saborosa, a manga é bastante consumida do mundo todo e pode ser cultivada em climas tropicais e subtropicais, sendo a Bahia um dos maiores produtores do Brasil.

INGREDIENTES

9 mangas palmer (não muito maduras)
500 mℓ de água
4 ½ xícaras (chá) de açúcar cristal

PREPARO

1. Corte as mangas em cubos e reserve.
2. Faça uma calda com a água e o açúcar, e deixe ferver por 25 minutos.
3. Adicione as mangas e volte ao fogo por 10 minutos.
4. Coloque em vidros esterilizados e faça o processo a vácuo por 30 minutos.

DICA EXPERIMENTE OUSAR E SIRVA ESTA COMPOTA COM CAMARÃO. SERÁ UM SUCESSO!

TEMPO DE PREPARO	20 MINUTOS
TEMPO DE COZIMENTO	35 MINUTOS
RENDIMENTO	3 VIDROS DE 600 ML

COMPOTA DE PÊSSEGO

Em decorrência de sua necessidade de baixas temperaturas para se desenvolver, o pêssego é cultivado no sul e no sudeste brasileiro. Com uma cor vibrante e muita polpa, é bastante utilizado na preparação de compotas, doces, geleias, bolos e tortas, ou consumido simplesmente puro.

INGREDIENTES

5 xícaras (chá) de açúcar cristal
2 ℓ de água
2,6 kg de pêssego (variedade Rei da Conserva)

PREPARO

1. Em uma panela, adicione o açúcar e a água, e deixe ferver por 25 minutos.
2. Corte os pêssegos ao meio e torça-os para excluir o caroço.
3. Descasque os pêssegos com uma faca, lave-os, junte-os à calda e deixe cozinhar por aproximadamente 15 minutos.
4. Acondicione em vidros esterilizados e faça o processo de pasteurização (vácuo).

DICA PROCURE ENCONTRAR O PÊSSEGO DA VARIEDADE REI DA CONSERVA, JÁ QUE É A MELHOR PARA ESTE TIPO DE RECEITA. ESTA COMPOTA PODE SER USADA PARA DECORAR OS PRATOS DE FESTAS E TAMBÉM PODE SER SERVIDA BEM GELADA COM CREME DE LEITE.

TEMPO DE PREPARO	30 MINUTOS
TEMPO DE COZIMENTO	40 MINUTOS
RENDIMENTO	4 VIDROS DE 600 ML

COMPOTA DE
MAMÃO VERDE ENROLADINHO

Nesta receita, utiliza-se o mamão verde, sendo necessário riscá-lo com uma faca para extrair o látex leitoso que é nocivo à saúde. O Brasil destaca-se na produção de mamão no extremo sul da Bahia e no Espírito Santo.

INGREDIENTES

2 ℓ de água
1 colher (café) de bicarbonato de sódio
1,5 kg de mamão caipira verde cortado em tiras com a casca
4 xícaras (chá) de açúcar cristal
500 mℓ de água
Cravo-da-índia a gosto
Canela em rama a gosto
[MATERIAIS: Agulha grossa e Linha branca]

PREPARO

1. Aqueça uma panela com 2 ℓ de água e 1 colher (café) de bicarbonato de sódio, e escalde as tiras de mamão para amolecer.
2. Enrole cada tira e, com a ajuda da agulha, passe a linha pelos rolinhos, formando um colar.
3. Prepare uma calda rala com o açúcar e a água, e deixe cozinhar por 10 minutos.
4. Adicione o cravo-da-índia, a canela e os rolinhos de mamão, e deixe ferver por 10 minutos ou até ficarem transparentes.
5. Escorra a calda e tire os rolinhos da linha.
6. Coloque os rolinhos de mamão em um vidro esterilizado e despeje a calda por cima. Faça o processo a vácuo.

DICA PARA PREPARAR O MAMÃO, FAÇA PEQUENOS CORTES NA CASCA PARA EXTRAIR O LEITE. LAVE BEM E CORTE AO MEIO. RETIRE AS SEMENTES E CORTE A POLPA EM LÂMINAS FINAS COM UM LAMINADOR DE LEGUMES (MANDOLINA) OU UM DESCASCADOR DE BATATAS.

TEMPO DE PREPARO	1 HORA E 30 MINUTOS
TEMPO DE COZIMENTO	20 MINUTOS
RENDIMENTO	2 VIDROS DE 600 ML

COMPOTA DE MANGABA

Muito apreciada no Nordeste, a mangaba é bastante consumida sob a forma de sorvete e polpa concentrada. Tem cheiro forte e sabor doce, e pode ser saboreada com a casca.

INGREDIENTES

2 kg de mangaba
1 limão
3 xícaras (chá) de açúcar cristal
500 mℓ de água
3 cravos-da-índia
2 paus de canela

PREPARO

1. Lave as mangabas e fure-as com um garfo para extrair o leite da fruta.
2. Coloque-as de molho em uma tigela com água durante 4 horas, trocando a água uma vez. Esprema o limão na água para ajudar a retirar todo o suco da mangaba.
3. Prepare a calda: misture o açúcar com a água, adicione os cravos-da-índia e os paus de canela, e deixe ferver bem.
4. Acrescente as mangabas e deixe cozinhar durante 30 minutos.
5. Acondicione em vidros esterilizados e faça o processo de pasteurização (vácuo).

TEMPO DE PREPARO	30 MINUTOS
TEMPO DE COZIMENTO	1 HORA
RENDIMENTO	4 VIDROS DE 600 ML

COMPOTA DE

FIGO VERDE

Existem vários tipos de figo. Entre os mais comuns, estão o roxo e o verde, sendo este utilizado na produção de doces e compotas e aquele, na produção de doces pastosos ou consumido ao natural. No Brasil, o cultivo destaca-se no interior de São Paulo.

NOTA DA AUTORA: quando via minha mãe procurando o saco alvejado de algodão, já sabia que faríamos a compota de figo. Ela dizia não ter mais força em seus braços, então cabia a mim a missão de esfregar os figos por longos 10 minutos, intermináveis naquela época. Mas logo pensava que era melhor esfregar os frutos que limpar os tachos, e isso não me deixava desanimar. Hoje, quando vejo em hortifrútis o figo já limpo, penso: "Por que 28 anos atrás não era assim? Seria tudo mais fácil". Mamãe preparava muitas compotas, pois as usava para rechear os bolos que fazia. Como é bom ter origem do campo. Lá, tudo se aproveita, tudo se cria e se improvisa, e todos vivem tranquilos sem as preocupações das grandes cidades.

TEMPO DE PREPARO	1 HORA E 20 MINUTOS
TEMPO DE COZIMENTO	2 HORAS E 30 MINUTOS
RENDIMENTO	6 VIDROS DE 600 ML

INGREDIENTES

3 kg de figo verde
1 xícara (chá) de açúcar cristal
1 xícara (chá) de sal

PARA A CALDA

3 kg de açúcar cristal
4,5 ℓ de água

PREPARO

1. Lave os figos, coloque-os em um saco de pano com o açúcar e o sal, e esfregue-os por 10 minutos.
2. Lave bem os figos e, com uma faquinha, raspe cada um para tirar o resíduo de açúcar e sal.
3. Faça uma incisão em cruz na parte inferior dos figos. Disponha-os em um tacho e ferva por 15 minutos. Deixe-os nessa água até esfriar, troque a água e leve novamente ao fogo por 40 minutos.
4. Escorra os figos e reserve.
5. Faça a calda com o açúcar e a água e deixe ferver por 15 minutos.
6. Adicione os figos e deixe cozinhar por aproximadamente 1h20. Espete-os com um garfo para verificar se os frutos estão macios.
7. Coloque a compota em vidros esterilizados e faça o processo a vácuo.

COMPOTA DE JAMBO

O jambo possui casca lisa e brilhante, polpa consistente e branca, e sabor adocicado e levemente ácido. Em virtude de sua umidade, é suculento e ótimo para consumo ao natural.

INGREDIENTES

500 mℓ de água
4 ½ xícaras (chá) de açúcar cristal
30 jambos médios

PREPARO

1. Em uma panela, coloque a água e o açúcar, e ferva por 30 minutos.
2. Adicione os jambos à calda e deixe ferver por 12 minutos.
3. Acondicione em vidros esterilizados e faça o processo a vácuo por 30 minutos.
4. Confira o lacre da tampa.

NOTA DA AUTORA: ao pensar nos frutos da Amazônia, logo me lembrei do jambo. Era ele que, por diversas vezes, saciava a minha fome entre uma refeição e outra durante os anos em que vivi em Porto Velho (RO). Então liguei para minha sogra e lhe dei a missão de colher os jambos em seu quintal e testar uma receita. Missão cumprida. E o sabor? Só provando para testificar o quanto ficou maravilhoso.

TEMPO DE PREPARO	10 MINUTOS
TEMPO DE COZIMENTO	42 MINUTOS
RENDIMENTO	3 VIDROS DE 600 ML

DOCES

GOIABADA CASCÃO

Este doce é produzido com a goiaba inteira, utilizando inclusive as cascas, que deram origem ao nome "cascão", já que, ao comer, é possível sentir os pedaços. A partir dele, podemos produzir inúmeros outros doces e sobremesas, como bolos, suflês, *petits fours* e caldas para sorvetes.

INGREDIENTES

2 kg de goiaba (vermelha ou branca) inteira
300 mℓ de água
2 kg de açúcar cristal
100 mℓ de suco de limão

PREPARO

1. Depois de lavadas, corte as goiabas ao meio e, com uma colher, tire a polpa e reserve.
2. Pique grosseiramente as cascas das goiabas.
3. Bata no liquidificador a polpa com a água.
4. Peneire e reserve.
5. Em uma panela, coloque as cascas e o açúcar, e cozinhe até começar a ficar brilhante. Junte o caldo obtido da polpa e deixe cozinhar por 15 minutos. Acrescente o suco de limão e mexa até dar o ponto.*
6. Quando o doce estiver no ponto, despeje-o sobre uma fôrma forrada com alumínio untado com manteiga ou um saquinho grosso. Deixe descansar por 24 horas antes de desenformar.

DICA COMA A GOIABADA DA FORMA MAIS TRADICIONAL, OU SEJA, COM QUEIJO MINAS FRESCAL.

* PONTO: para saber o ponto da goiabada cascão, molhe uma faca e coloque-a no doce: se não grudar, é porque o doce já está apurado.

TEMPO DE PREPARO	30 MINUTOS
TEMPO DE COZIMENTO	50 A 60 MINUTOS
RENDIMENTO	1 KG

DOCE DE ABÓBORA COM COCO

Nesta receita, utiliza-se a abóbora de pescoço, que é a ideal para fazer doces iguais aos da vovó. Com característica úmida e fibrosa, é a maior de todas as abóboras e pode chegar ao peso de 15 kg.

INGREDIENTES

1,5 kg de abóbora de pescoço cozida
4 xícaras (chá) de açúcar cristal
1 colher (sobremesa) de cravo-da-índia
3 paus de canela
1 xícara (chá) de coco fresco ralado

PREPARO

1. Com um garfo, amasse a abóbora e disponha em uma panela. Junte o açúcar, o cravo-da-índia e a canela, e leve ao fogo, mexendo de vez em quando, até soltar do fundo da panela.
2. Adicione o coco ralado, misture bem e retire do fogo.
3. Coloque em vidro esterilizado ou compoteira com tampa. Guarde na geladeira por 15 dias.

DICA O DOCE DE ABÓBORA COM COCO É, SEM DÚVIDA ALGUMA, UM CLÁSSICO DA NOSSA GASTRONOMIA. SIRVA COM QUEIJO MINAS OU BRIE.

TEMPO DE PREPARO	25 MINUTOS
TEMPO DE COZIMENTO	30 MINUTOS
RENDIMENTO	800 G

DOCE DE MAÇÃ VERDE

Por ser rica em pectina e de cor neutra, a maçã verde é muito utilizada como base para fabricação de geleias, e cada vez mais é consumida ao natural em saladas, vinagretes e salpicões.

INGREDIENTES

1 kg de maçã verde
Casca de limão-siciliano a gosto
1 pau de canela
3 xícaras (chá) de açúcar cristal

PREPARO

1. Descasque as maçãs, tire os caroços e deixe-as na água para não oxidar.
2. Corte as maçãs em pedaços pequenos. Coloque na panela todos os ingredientes e deixe ferver por aproximadamente 30 minutos, quando o doce estará totalmente cozido e apurado, porém mantendo a cor das maçãs.
3. Acondicione em vidros esterilizados e faça o processo de pasteurização (vácuo).

DICA USAR UMA PANELA BAIXA COM BOCA LARGA É MELHOR PARA O RESULTADO FINAL ENTRE SABOR E TEXTURA. TIRE UMA CASCA FININHA DO LIMÃO-SICILIANO, DE FORMA A EVITAR A PARTE BRANCA, QUE É AMARGA. ESTE DOCE PODE SER SERVIDO COMO ACOMPANHAMENTO DE PERU ASSADO.

TEMPO DE PREPARO	15 MINUTOS
TEMPO DE COZIMENTO	20 A 30 MINUTOS
RENDIMENTO	3 VIDROS DE 350 ML

DOCE DE JENIPAPO

O jenipapo possui cheiro forte e sabor único, e é geralmente consumido sob a forma de licor, compotas, doces, sucos e até caipirinhas. Vale muito a experiência de degustá-lo.

INGREDIENTES

1 kg de polpa de jenipapo
1 kg de açúcar cristal
6 cravos-da-índia

PREPARO

1. Bata a polpa em um processador elétrico, misture o açúcar e o cravo-da-índia e leve para cozinhar até desprender do fundo da panela.
2. Acondicione em vidros esterilizados e faça o processo de pasteurização (vácuo).

DICA RETIRE UMA PARTE DO DOCE, ACRESCENTE CASTANHA-DE-CAJU TRITURADA, DEIXE DESCANSAR POR 12 HORAS NA GELADEIRA, FAÇA BOLINHAS E PASSE NO AÇÚCAR CRISTAL. SIRVA COMO ACOMPANHAMENTO DE CHÁS E CAFÉS.

TEMPO DE PREPARO	20 MINUTOS
TEMPO DE COZIMENTO	40 MINUTOS
RENDIMENTO	4 VIDROS DE 240 ML

DOCE DE MURICI

Oriundo do cerrado e das regiões semiáridas, o murici tem sabor e aroma agradáveis. Pode ser consumido ao natural e também é muito utilizado em sucos, picolés, licores, geleias, doces, conservas e farinhas, e para saborear cachaças.

INGREDIENTES

2 kg de murici maduro (aproximadamente 1 kg de polpa)
8 xícaras (chá) de açúcar cristal

PREPARO

1. Passe os muricis maduros pela peneira para separar a pele da polpa.
2. Junte o açúcar e a polpa, e leve ao fogo até soltar da panela.
3. Acondicione em vidros esterilizados e faça o processo de pasteurização (vácuo).

DICA ESTE DOCE DE SABOR INTENSO FICARÁ ÓTIMO ACOMPANHADO DE QUEIJO CAMEMBERT EMPANADO E FRITO.

TEMPO DE PREPARO	30 MINUTOS
TEMPO DE COZIMENTO	30 A 40 MINUTOS
RENDIMENTO	4 VIDROS DE 240 ML

DOCE DE LEITE
TRADICIONAL

De característica pastosa, cor de café com leite e sabor ímpar: assim se descreve o doce de leite, embora seja preciso prová-lo para sentir o que verdadeiramente ele representa.

INGREDIENTES

9 xícaras (chá) de açúcar cristal
1 colher (sopa) rasa de fermento químico em pó
3 colheres (sopa) de maisena
5 ℓ de leite tipo A

PREPARO

1. Em uma panela, dissolva o açúcar, o fermento e a maisena no leite e leve ao fogo alto, mexendo sempre, até levantar fervura.
2. Coloque um prato no fundo da panela e deixe cozinhar até ficar cremoso. Retire o prato e mexa até dar o ponto (aproximadamente 15 minutos).
3. O melhor ponto para este doce é o que chamamos de ponto de colher: ele deve ficar cremoso e firme, como as chimías* do sul do país.
4. Acondicione em vidros esterilizados e faça o processo de pasteurização (vácuo).

DICA FAÇA CHURROS E SIRVA COM ESTE DOCE DE LEITE.

NOTA DA AUTORA: quando penso em doce de leite, lembro-me dos momentos na Fazenda Santa Matilde, em União de Minas (MG), quando minha tia Madalena colocava um tacho bem grande na fornalha construída próxima ao chão e começava a cozinhar o doce. Eram litros e litros de leite misturados com açúcar. Lembro-me de uma colher de pau que foi improvisada com uma jarra de alumínio na ponta para bater o doce. Como eram maravilhosos aqueles momentos! Eu estava sempre por perto, rodeando os tachos. Por que será?

* CHIMÍAS: doce de frutas típico alemão.

TEMPO DE PREPARO	10 MINUTOS
TEMPO DE COZIMENTO	1 HORA E 15 MINUTOS
RENDIMENTO	3 VIDROS DE 600 ML

PINGO DE LEITE

A junção de dois ingredientes e o seu tempo de cocção são fundamentais para se ter um excelente resultado. O que difere um pingo de leite de um doce de leite tradicional é sua cor e sua textura: o primeiro tem cor intensa e sabor marcante, já o segundo é mais suave e tem cor menos vibrante.

INGREDIENTES

7 xícaras (chá) de açúcar cristal
1 colher (sopa) rasa de bicarbonato de sódio
6 ℓ de leite tipo A

PREPARO

1. Em uma panela, dissolva o açúcar e o bicarbonato de sódio no leite e leve ao fogo baixo por aproximadamente 1h30, mexendo sempre até dar o ponto bem cremoso (tipo brigadeiro de colher).
2. Acondicione em vidros esterilizados e faça o processo de pasteurização (vácuo).

DICA DOCE TRADICIONAL EM MINAS GERAIS. NADA MELHOR DO QUE UM QUEIJO MINAS PARA ACOMPANHÁ-LO OU MESMO UM PÃO DE QUEIJO BEM QUENTINHO.

NOTA DA AUTORA: este pingo de leite me faz recordar os inúmeros domingos que almoçávamos na casa da Dona Ireni, pois sempre havia um vidro desse doce para a sobremesa. Quando não tinha, é porque meu pai não havia levado leite de vaca da roça, já que, segundo ela, só servia se fosse esse leite. Coisas de Dona Ireni!

TEMPO DE PREPARO	10 MINUTOS
TEMPO DE COZIMENTO	1 HORA E 30 MINUTOS
RENDIMENTO	3 VIDROS DE 600 ML

DOCE DE BANANA

A banana é a fruta mais produzida e consumida no Brasil. Dela, podemos aproveitar tanto a polpa verde ou madura quanto as cascas para a fabricação de doces, bolos, sobremesas e até cervejas de banana.

INGREDIENTES

2 xícaras (chá) de açúcar cristal
1 xícara (chá) de água
2 dúzias de banana-nanica descascada e picada
Cravo-da-índia a gosto

PREPARO

1. Em uma panela, coloque o açúcar e leve ao fogo para fazer o caramelo. Fique atento para não queimar. Se necessário, mexa, e não se preocupe com os torrões que se formam, pois desaparecerão.
2. Quando o açúcar já estiver todo derretido e em cor de caramelo, acrescente a água. Tome cuidado, pois pode espirrar e subir vapor.
3. Acrescente as bananas e deixe cozinhar, mexendo ocasionalmente.
4. Assim que as bananas estiverem desmanchando e o doce começar a escurecer, aumente o fogo e mexa com vigor, até começar a ver o fundo da panela, ponto em que o doce estará pronto.
5. Acrescente os cravos-da-índia.
6. Acondicione em vidros esterilizados e faça o processo de pasteurização (vácuo).

DICA PARA PREVALECER O SABOR DA BANANA CARAMELADA, ADICIONE POUCOS CRAVOS-DA-ÍNDIA. ESTE DOCE FICARÁ FANTÁSTICO SE SERVIDO COM SORVETE DE CANELA.

TEMPO DE PREPARO	10 MINUTOS
TEMPO DE COZIMENTO	30 MINUTOS
RENDIMENTO	2 VIDROS DE 600 ML

DOCE DE
UVA BORDEAUX

Chamada de uva bordalesa, uva Bordeaux (região da França) ou uva-tinta, suas principais características estão em sua cor predominantemente preta e em seu tamanho pequenino. Muito usada na fabricação de vinhos, essa uva é cultivada no sul do Brasil.

INGREDIENTES

2 kg de uva Bordeaux
400 ml de água
8 xícaras (chá) de açúcar cristal

PREPARO

1. Depois de lavar as uvas, tire-as do cacho, coloque na panela com a água e cozinhe por 15 minutos. Em seguida, passe na peneira para separar as cascas e as sementes.
2. Leve a polpa novamente para a panela (se preferir um doce mais rústico, acrescente também as cascas e acrescente 50 ml de água), junte o açúcar e vá mexendo sempre, até apurar e começar a desgrudar do fundo.
3. Acondicione em vidros esterilizados e faça o processo de pasteurização (vácuo).

TEMPO DE PREPARO	FRUTA: 20 MINUTOS
TEMPO DE COZIMENTO	40 MINUTOS
RENDIMENTO	4 VIDROS DE 350 ML

DOCE DE CIDRA

De aspecto rugoso, com casca espessa e sem forma regular, a cidra tem polpa esbranquiçada, sabor cítrico e azedo. É mais utilizada para a fabricação de doces, geleias, cristalizados e compotas, preparados inclusive com a sua casca.

NOTA DA AUTORA: sempre que penso em doce de cidra, é comum vir junto a lembrança do meu tempo de criança, lá em Iturama (MG). Lembro-me do papai chegando em casa pelo cair do sol com sacos e sacos de cidra para ralar, e ela, em sua totalidade, deveria ser lavada e ralada no mesmo dia, assim dormiria na água que seria trocada na madrugada e, no dia seguinte, mamãe já faria o doce. Ainda bem que ele me ajudava, pois eu ficava irritada e, sem falar nada, pensava: "Por que ele não trouxe esta cidra mais cedo? Assim já teria terminado. Agora, sabe Deus a que horas vou dormir!". Só de pensar já me cansava. Ainda bem que o tacho ele limpava...

TEMPO DE PREPARO	FRUTA: 12 HORAS
TEMPO DE COZIMENTO	35 MINUTOS
RENDIMENTO	3 VIDROS DE 600 ML

INGREDIENTES

1 kg de casca de cidra
1 ℓ de água
4 ½ xícaras (chá) de açúcar cristal
1 colher (chá) de bicarbonato de sódio

PREPARO

1. Lave bem a cidra com uma escova e água abundante. Rale com um ralo grosso. A parte branca também poderá ser utilizada, excluindo-se apenas a polpa, que não deve ser usada. Lave bem a cidra ralada e deixe de molho de um dia para o outro, trocando a água várias vezes.
2. No dia seguinte, despeje a água, coloque a cidra em uma panela grande com bastante água e deixe levantar fervura. Troque a água e repita o processo duas vezes.
3. Faça uma calda com a água, o açúcar e o bicarbonato de sódio, e deixe ferver por 15 minutos.
4. Junte a cidra e deixe cozinhar por 20 minutos.
5. Disponha em vidros esterilizados e faça o processo a vácuo.

GELEIAS

GELEIA DE
FRAMBOESA E MIRTILO

De centro oco, cor vermelha e superfície aveludada, a framboesa é demasiadamente utilizada para a elaboração de doces, geleias, conservas e iogurtes, entre outros. Já o mirtilo ou blueberry, a frutinha exótica com sabor agridoce e cor roxo-azul que encanta, também é igualmente apreciado na indústria alimentícia. Ambos são cultivados no sul do Brasil em razão das baixas temperaturas da região.

INGREDIENTES

500 g de mirtilo
1 kg de açúcar cristal
500 g de framboesa
2 grãos de pimenta-preta (opcional)
3 cravos-da-índia

PREPARO

1. Maceração dos mirtilos e das framboesas: coloque o mirtilo em um refratário, cubra com metade do açúcar, adicione as framboesas e cubra com o restante do açúcar.
2. Deixe agir por 12 horas em temperatura ambiente. Eles irão liberar a água e a pectina.
3. Após 12 horas, despeje o mirtilo e a framboesa, com o açúcar e a água que se formou, em uma panela e leve a fogo brando para evitar a caramelização do açúcar.
4. Deixe cozinhar por aproximadamente 20 a 30 minutos.
5. Quando atingir o ponto, faça o teste do pires (ver p. 17), e aromatize com os grãos de pimenta e os cravos-da-índia.
6. Acondicione em vidros esterilizados.

TEMPO DE PREPARO	12 HORAS PARA MACERAR
TEMPO DE COZIMENTO	20 A 30 MINUTOS
RENDIMENTO	4 VIDROS DE 170 ML

GELEIA DE TAMARINDO

Mais popular nas regiões Norte e Nordeste, o tamarindo é utilizado na fabricação de refrescos, sorvetes, pastas, doces, licores, polpas e temperos. De sabor intenso e de leve acidez, proporciona frescor e sabor único.

INGREDIENTES

1,5 kg de tamarindo
1 kg de açúcar demerara

PREPARO

1. Descasque e hidrate o tamarindo por 24 horas, deixando-o submerso em água.
2. Após estar hidratado, descarte a água, bata-o no liquidificador e coe.
3. Em uma panela, acrescente a polpa coada e o açúcar demerara, misture e leve ao fogo baixo, mexendo sempre por aproximadamente uma hora ou até que se solte do fundo da panela.
4. Acondicione em vidros esterilizados.

DICA ESTA GELEIA SERVE COMO ACOMPANHAMENTO PARA SORVETE DE TAPIOCA.

TEMPO DE PREPARO	24 HORAS DE HIDRATAÇÃO
TEMPO DE COZIMENTO	1 HORA
RENDIMENTO	3 VIDROS DE 250 ML

GELEIA DE CACHAÇA

Tipicamente brasileira, a cachaça ganhou o mundo como ingrediente da sua preparação mais popular, a caipirinha. Existem vários nomes que se referem à aguardente de cana; entre os mais comuns estão: pinga, cana, caninha e cachaça. O que antes era apenas utilizado como bebida alcoólica, agora ganha espaço na gastronomia, seja para a produção de geleias, seja para temperar e flambar pratos, seja para finalização de sobremesas.

INGREDIENTES

PARA A PECTINA

1 kg de maçã verde
1 ℓ de água

PARA A GELEIA

2 ½ xícaras (chá) de açúcar demerara
1 ℓ de pectina de maçã
750 mℓ de cachaça
50 mℓ de suco de limão

PREPARO

1. Prepare a pectina: corte as maçãs em cubos (incluindo caroço, talo e casca) e cozinhe-as na água em fogo alto, até que elas comecem a desmanchar. Coe e reserve. O suco extraído dessa mistura é a pectina.
2. Prepare a geleia: leve ao fogo o açúcar e a pectina, mexendo por aproximadamente 20 minutos. Acrescente a cachaça e o suco de limão e deixe ferver até ficar no ponto de geleia. Faça o teste do pires (ver p. 17). Retire a espuma da superfície que pode ser usada para saborear bolos.
3. Acondicione em vidros esterilizados e lacre-os bem. Vire os vidros de cabeça para baixo e desvire-os após 2 minutos – isso aumentará a durabilidade da geleia.

DICA A PECTINA TEM A CAPACIDADE DE FORMAR GÉIS NA PRESENÇA DE ÁCIDOS E AÇÚCARES, E É ENCONTRADA NAS FRUTAS. A MAÇÃ É UMA FONTE RICA DESSA SUBSTÂNCIA E SUA BASE NEUTRA É MUITO UTILIZADA PARA A PRODUÇÃO DE GELEIAS.

TEMPO DE PREPARO	1 HORA PARA EXTRAIR A PECTINA
TEMPO DE COZIMENTO	1 HORA E 30 MINUTOS
RENDIMENTO	3 VIDROS DE 250 ML

GELEIA DE ABACAXI, COCO E PIMENTA

Aproveitando que usaremos a polpa do abacaxi nesta receita, sugiro que utilize as cascas e faça também a receita *Geleia de casca de abacaxi*, assim terá dois produtos com sabores muito diferentes e elaborados a partir de um mesmo ingrediente. O abacaxi com coco é um clássico da gastronomia e, nesta receita, recebe um toque a mais de sofisticação com o sabor suave e picante da pimenta dedo-de-moça. Vale experimentar.

INGREDIENTES

400 mℓ de água
1 kg de abacaxi havaí descascado e cortado em cubinhos
700 g de açúcar cristal
1 colher (sopa) de suco de limão
1 pimenta dedo-de-moça cortada em tirinhas
2 pimentas dedo-de-moça picadinhas
50 g de coco fresco ralado

PREPARO

1. Junte a água com o abacaxi cortado em cubos e leve ao fogo por 5 minutos.
2. Deixe esfriar um pouco, despreze a água e coloque os cubos de abacaxi no liquidificador. Bata até formar um creme.
3. Coloque na panela o açúcar, o suco de limão, as pimentas e o creme de abacaxi, e leve ao fogo, mexendo sempre por aproximadamente 10 minutos. Quando estiver bem cremoso, adicione o coco ralado e cozinhe por mais 3 minutos.

DICA ESTA GELEIA PODE SERVIR COMO RECHEIO DE LOMBO SUÍNO.

TEMPO DE PREPARO	30 MINUTOS
TEMPO DE COZIMENTO	18 MINUTOS + 5 MINUTOS PARA ESFRIAR
RENDIMENTO	3 VIDROS DE 240 ML

GELEIA DE

CASCA DE ABACAXI

Em nossa cultura, temos o hábito de desprezar as cascas e aproveitar somente a polpa dos alimentos. Esse costume deixa de existir a partir do momento em que temos conhecimento de como enriquecer o cardápio, utilizando as cascas para a elaboração de receitas. Nesta geleia, usa-se a casca do abacaxi, que pode também ser ingrediente para um refrescante suco de verão.

INGREDIENTES

2 abacaxis havaí médios e maduros
400 mℓ de água
2 xícaras de açúcar cristal

PREPARO

1. Deixe as cascas imersas em água filtrada por 12 horas e escorra-as.
2. Bata todos os ingredientes no liquidificador e leve ao fogo até começar a secar a água, mexendo bem. Deixe cozinhar por 2 minutos.
3. Acondicione em vidros esterilizados.

DICA ESTA RECEITA FOI ELABORADA PARA APROVEITAR AS CASCAS DO ABACAXI QUE SOBRARAM DA *GELEIA DE ABACAXI, COCO E PIMENTA*.

TEMPO DE PREPARO	FRUTA: 12 HORAS DE IMERSÃO (CASCAS)
TEMPO DE COZIMENTO	1 HORA E 30 MINUTOS
RENDIMENTO	3 VIDROS DE 240 ML

GELEIA RÚSTICA DE JABUTICABA

Nativa da Mata Atlântica, a jabuticaba é originária do Brasil. Embora existam diferentes espécies da fruta, a mais comum é a sabará, de formato arredondado, coloração roxo-escura e polpa branca, que é muito apreciada na gastronomia.

INGREDIENTES

3 kg de jabuticaba bem lavada
100 mℓ de água
750 g de açúcar cristal
75 mℓ de suco de limão

PREPARO

1. Separe a polpa da jabuticaba passando-a em uma peneira grossa e reserve. Coloque as cascas com a água em uma panela e deixe cozinhar por aproximadamente 5 minutos. Espere amornar, junte a polpa e bata grosseiramente no liquidificador.
2. Coloque a polpa batida na panela com o açúcar e o suco de limão, e deixe cozinhar por aproximadamente 17 minutos. Faça o teste do pires (ver p. 17).
3. Despeje, até a borda, em vidros esterilizados e lacre bem.

DICA ESTA GELEIA É EXCELENTE PARA ACOMPANHAR CARNE DE PATO OU SORVETE DE BAUNILHA.

TEMPO DE PREPARO	40 MINUTOS
TEMPO DE COZIMENTO	22 MINUTOS
RENDIMENTO	7 VIDROS DE 240 ML

CONSERVAS DOCES E SALGADAS

CONSERVA DE

MORANGO EM XAROPE

De sabor e aspecto inconfundíveis, o morango agrada a todos os paladares, seja ao natural, seja processado pela indústria, seja para uso em confeitarias e até em drinques.

INGREDIENTES

1,8 kg de morango limpo

PARA O XAROPE

1,8 ℓ de água
5 xícaras (chá) de açúcar cristal
3 colheres (sopa) de mel
Gengibre em rodelas

PREPARO

1. Distribua os morangos em um refratário e reserve.
2. Em uma panela, faça o xarope com a metade da água, o açúcar e o mel. Leve ao fogo até levantar fervura.
3. Desligue o fogo e adicione a água restante.
4. Cubra os morangos com o xarope e deixe em temperatura ambiente por 12 horas.
5. Depois, coe os morangos e volte o xarope ao fogo até ferver.
6. Disponha os morangos e as rodelas de gengibre em vidros esterilizados e despeje o xarope até a borda. Lacre bem e leve os frascos em banho-maria ao forno preaquecido a 150 °C por 50 minutos.
7. Deixe esfriar na própria água e armazene em local fresco, seco e sem luminosidade por até três meses.

DICA VOCÊ PODE SUBSTITUIR O MORANGO POR AMORA OU FRAMBOESA.

TEMPO DE PREPARO	12 HORAS PARA MACERAR
TEMPO DE COZIMENTO	8 MINUTOS
RENDIMENTO	3 VIDROS DE 600 ML

CONSERVA DE CÍTRICOS

Laranja e limão são muito conhecidos e apreciados pelos brasileiros, já a toranja, ou laranja vermelha, é pouco consumida no país. Ela é considerada o maior fruto entre os cítricos e, embora de sabor extremamente amargo, é muito utilizada na preparação de drinques.

INGREDIENTES

2 laranjas-pera
1 toranja (laranja vermelha)
2 limões taiti
3,5 ℓ de água
2,75 kg de açúcar cristal

PREPARO

1. Lave muito bem as cascas das laranjas, da toranja e dos limões para eliminar toda a cera que as recobre.
2. Serão utilizadas as sementes, a pele, o suco e a casca em corte tipo julienne (em tirinhas).
3. Em um pano limpo, coloque as sementes, a pele e o bagaço com o suco, e amarre com um barbante de cozinha, formando uma trouxinha.
4. Coloque a trouxinha em uma panela, adicione as cascas em julienne e a água, e deixe cozinhar por 30 minutos. Retire a trouxinha e esprema-a com uma pinça esterilizada.
5. Adicione o açúcar, misture bem e volte a panela ao fogo por aproximadamente 20 minutos, quando deverá observar uma película de gelificação.
6. Acondicione em vidros esterilizados e faça o processo de pasteurização (vácuo).

TEMPO DE PREPARO	30 MINUTOS
TEMPO DE COZIMENTO	50 MINUTOS
RENDIMENTO	3 VIDROS DE 350 ML

CONSERVA DE AMEIXA

As ameixas roxas ou vermelhas são consideradas frutas vermelhas e, por isso, são muito utilizadas na elaboração de geleias, doces, tortas e conservas. Com sabor doce, além de ácidas e suculentas, são divinas para o consumo ao natural.

INGREDIENTES

1,8 kg de ameixa roxa
3 xícaras (chá) de vinagre de maçã

PARA A TROUXINHA
2 ramas de canela
2 colheres (sopa) de açúcar mascavo
2 colheres (sopa) de melaço
1 colher (chá) de sal
¼ xícara (chá) de raspas de limão
Suco de ½ laranja

PREPARO

1. Coloque os ingredientes da trouxinha em um pano limpo e amarre-o.
2. Com um garfo, fure as ameixas.
3. Em uma panela, coloque o vinagre e a trouxinha, e deixe ferver por 10 minutos.
4. Baixe o fogo, junte as ameixas e deixe cozinhar por mais 10 minutos.
5. Dispense a trouxinha e disponha as ameixas em vidros esterilizados e faça o processo de pasteurização (vácuo).
6. Guarde sob refrigeração por até 60 dias.

DICA USE AS AMEIXAS PARA DECORAR TORTAS DOCES OU SIRVA COM CHANTILI. USE VIDROS DE BOCA LARGA.

TEMPO DE PREPARO	30 MINUTOS
TEMPO DE COZIMENTO	20 MINUTOS
RENDIMENTO	3 VIDROS DE 600 ML

CONSERVA DE

PALMITO PUPUNHA

O palmito pupunha, ou ecológico, como vem sendo denominado, ganhou fama internacional ao surgir em forma de fios e ser servido como o tradicional espaguete. De cor branca, macio e doce, tem a característica de não escurecer ao ser cortado. Pode ser consumido em conserva ou ao natural.

INGREDIENTES

3,5 ℓ de água
400 mℓ de suco de limão
3 colheres (sopa) de sal
1 kg de palmito pupunha

PREPARO

1. Corte o palmito, deixe-o marinando em uma bacia com 2 ℓ de água, 100 mℓ de suco de limão e 1 colher (sopa) de sal, por dez minutos, para pegar sabor. Despreze essa água depois.
2. À parte, faça a salmoura, colocando 1,5 ℓ de água, 300 mℓ de suco de limão e 2 colheres (sopa) de sal para ferver.
3. Acrescente o palmito à salmoura fervente e deixe cozinhar por 20 minutos.
4. Despeje em vidro esterilizado e faça o processo a vácuo.

DICA QUE TAL RECHEAR OS PALMITOS?
PARTINDO-OS AO MEIO, COLOQUE UMA PORÇÃO DE CAMARÃO COM CATUPIRY, SALPIQUE FARINHA DE ROSCA E PARMESÃO, E LEVE AO FORNO PARA GRATINAR.

TEMPO DE PREPARO	40 MINUTOS
TEMPO DE COZIMENTO	20 MINUTOS
RENDIMENTO	5 A 6 VIDROS

CONSERVA DE TOMATE

Apesar de ser adotado no preparo de saladas, molhos e pratos salgados, e não ser muito utilizado em doces, o tomate é um fruto e não um legume. Ele tem uma ligação muito forte com a gastronomia italiana, embora hoje seja muito frequente na mesa do brasileiro.

NOTA DA AUTORA: quando falo em tomate, lembro-me da primeira encomenda que tive como profissional da gastronomia. A cliente me ligou e perguntou qual era o melhor prato que eu poderia fazer para o seu almoço de domingo. Claro, como mineira que se preza, fui logo dizendo: "Minha galinhada é a melhor!". Modesta, né? Então fiz a galinhada. No dia seguinte, liguei na esperança de ouvir elogios, mas não os ouvi. Comecei a perguntar até que a cliente me disse que não havia comido. Como não comeu? Houve algum problema? Então ela me disse que, ao destampar a panela, pôde sentir o cheiro do agrotóxico vindo do tomate que estava decorando o prato. Nossa, jamais senti esse cheiro até aquele dia e, a partir daquele momento, procuro sempre comprar tomate sem agrotóxico. E a cliente? Continua minha freguesa há 8 anos.

TEMPO DE PREPARO	30 MINUTOS
TEMPO DE COZIMENTO	1 HORA E 40 MINUTOS
RENDIMENTO	2 VIDROS DE 800 ML

INGREDIENTES

15 g de sal refinado
100 mℓ de limão
1,15 ℓ de água
400 g de tomate italiano sem pele e sem semente (aproximadamente 1,2 kg de tomate inteiro)

PREPARO

1. Prepare a salmoura, misturando o sal, o limão e a água fria.
2. Corte os tomates em dois ou quatro pedaços. Coloque-os em vidros esterilizados e adicione a salmoura, sem deixar espaços sem líquido.
3. Coloque um tecido no fundo de um caldeirão, disponha os vidros, cubra com água e tampe. Deixe em fogo baixo por 1h40.

DICA USE TOMATE ORGÂNICO, POIS O SABOR E O AROMA SERÃO MUITO MELHORES.

CONSERVA DE

PIMENTA DEDO-DE-MOÇA

Originária do Brasil, a pimenta dedo-de-moça é a mais utilizada na gastronomia, em virtude de sua cor vermelha vibrante e de seu sabor suave. Agrada os paladares mais exigentes e pode ser consumida ao natural, em conservas, em molhos e seca/moída - nesta versão, é denominada pimenta calabresa.

INGREDIENTES

3 xícaras (chá) de pimenta dedo-de-moça inteira
3 xícaras (chá) de vinagre de maçã
6 dentes de alho em lâminas
18 grãos de pimenta-do-reino preta
6 cravos-da-índia
3 colheres (chá) de sal grosso

PREPARO

1. Limpe as pimentas com álcool 70%, uma a uma. Tire os talos e disponha-as de pé em vidros esterilizados.
2. Coloque o vinagre, o alho, a pimenta preta, os cravos e o sal.
3. Lacre o vidro esterilizado e, se quiser maior durabilidade, faça o processo de pasteurização (vácuo).

DICA A CONSERVA ESTARÁ BOA PARA CONSUMO QUANDO O ALHO COMEÇAR A FICAR TRANSPARENTE.

TEMPO DE PREPARO	30 MINUTOS
TEMPO DE COZIMENTO	30 MINUTOS
RENDIMENTO	3 VIDROS DE 370 ML

CONSERVA DE BATATA BOLINHA

Rainha das conservas, a batata bolinha é a estrela em qualquer prato em que esteja presente. Seja assada, cozida, salteada, marinada ou recheada, é sucesso garantido.

INGREDIENTES

1 kg de batata bolinha (quanto menor a batata, melhor)
2 cebolas
2 dentes de alho
1 xícara (chá) de azeite de oliva
Sal a gosto
1 maço de salsinha
1 pimenta dedo-de-moça
2 batatas médias cozidas

PREPARO

1. Coloque as batatas bolinhas para cozinhar, deixando *al dente*, e reserve.
2. Bata no liquidificador todos os ingredientes e despeje sobre as batatinhas ainda quentes.
3. Disponha em vidros esterilizados e faça a pasteurização (vácuo).
4. Deixe na geladeira por 24 horas antes de servir.

TEMPO DE PREPARO	15 MINUTOS
TEMPO DE COZIMENTO	15 MINUTOS
RENDIMENTO	2 VIDROS DE 600 ML

CONSERVA DE PINHÃO

Semente da araucária, o pinhão é muito nutritivo e pode ser consumido tanto assado como cozido, em pratos doces ou salgados. O Paraná é o maior produtor do Brasil.

INGREDIENTES

2 ℓ de água
1 colher (sopa) de sal
1 buquê de ervas
2 ℓ de vinagre branco
1 kg de pinhão cozido e descascado
12 grãos inteiros de pimenta-do-reino
3 folhas de louro
6 dentes de alho laminados

PREPARO

1. Em uma panela, coloque a água, o sal e o buquê de ervas, e leve ao fogo até levantar fervura. Desligue o fogo e adicione o vinagre.
2. Disponha os pinhões nos vidros já esterilizados e adicione os grãos de pimenta, as folhas de louro e as lâminas de alho.
3. Cubra os pinhões com a salmoura até a boca do vidro, lacre bem e faça o método a vácuo.

TEMPO DE PREPARO	30 MINUTOS
TEMPO DE COZIMENTO	15 MINUTOS
RENDIMENTO	2 VIDROS DE 600 ML

CONSERVA DE TUCUMÃ

Fruto de uma palmeira nativa da região Norte e com uma cor amarelo-ouro, o tucumã agrada por ser saboroso. Costuma ser consumido como recheio de pão (sanduíche) ou como acompanhamento para café e farinha.

NOTA DA AUTORA: não poderia deixar de publicar esta receita, já que constantemente, na safra do tucumã, recebo caixas e caixas contendo os frutos. Meu marido é louco por tucumã e minha sogra passa os dias colhendo os frutos e se dando ao trabalho de ir até a cidade de Porto Velho (RO), já que mora na roça, para enviá-los pelos correios. Nas primeiras remessas, logo que me casei, confesso que achei loucura quando vi o João passar horas descascando e tirando as lascas dos frutos, e depois degustando cada lasca como se fosse a última. Então, entendi por que a minha sogra se empenhava tanto: acredito que, mesmo longe, ela pode sentir a felicidade de seu filho comendo tucumã.

TEMPO DE PREPARO	30 MINUTOS
TEMPO DE COZIMENTO	20 A 30 MINUTOS
RENDIMENTO	2 VIDROS DE 600 ML

INGREDIENTES

1 ℓ de água
2 colheres (sobremesa) de sal
2 colheres (sopa) de açúcar cristal
1 colher (café) de bicarbonato de sódio
4 xícaras (chá) de lascas de tucumã (sem o caroço)

PREPARO

1. Em uma panela, coloque a água, o sal, o açúcar e o bicarbonato de sódio, e leve ao fogo até levantar fervura. Junte as lascas de tucumã e deixe ferver novamente. Assim que levantar fervura, desligue o fogo.
2. Acondicione em vidros esterilizados e faça o processo de pasteurização (vácuo).

DICA EXPERIMENTE COMER O TUCUMÃ COMO RECHEIO DE PÃO, FORMANDO UM SANDUÍCHE QUENTE OU FRIO.

CONSERVA DE PEQUI

Nativo do cerrado brasileiro, macio e de cor amarelo-ouro, o pequi deixou de ser regional e alcançou os grandes centros, principalmente Goiás, Minas Gerais e Mato Grosso do Sul. Um dos pratos mais populares é o arroz com pequi, seguido da galinhada com pequi, mas pode ser utilizado em muitas outras receitas com o sabor exótico que lhe é peculiar.

INGREDIENTES

36 pequis
2 ℓ de água
1 colher (sopa) de sal
1 ℓ de óleo de cozinha

PREPARO

1. Fervente os pequis em água e sal.
2. Deixe escorrer até secar.
3. Coloque o óleo para aquecer. Quando estiver quente, desligue o fogo e coloque os pequis para liberar o sabor.
4. Condicione em vidros esterilizados e lacre bem. Faça o processo de pasteurização.

DICA ESTA CONSERVA PODE SER UTILIZADA PARA SABOREAR PRATOS COMO ARROZ E FRANGO.

TEMPO DE PREPARO	10 MINUTOS
TEMPO DE COZIMENTO	5 MINUTOS
RENDIMENTO	3 VIDROS DE 600 ML

CONSERVA DE QUIABO

Vegetal de cor verde, com sementes brancas em seu interior, longo e fino, o quiabo é mesmo conhecido por sua "baba", um líquido viscoso que solta ao ser cozido. Apesar disso, é muito utilizado em algumas regiões do país em receitas típicas, como caruru, frango com quiabo e quiabo com camarão seco.

INGREDIENTES

900 g de quiabo
1,2 ℓ de vinagre claro
2 ℓ de água
1 colher (sopa) de sal
9 grãos de pimenta-do-reino branca

PREPARO

1. Lave bem os quiabos, deixando-os inteiros, e ferva-os rapidamente em água fervente.
2. Dê um choque térmico e deixe escorrer.
3. Faça uma salmoura com vinagre, água e sal.
4. Coloque os quiabos em um vidro já esterilizado e cubra com a salmoura e os grãos de pimenta.
5. Lacre bem os vidros e faça o processo a vácuo por 30 minutos.

DICA SIRVA COM FRANGO AO MOLHO OU GALINHA MINEIRA.

TEMPO DE PREPARO	25 MINUTOS
TEMPO DE COZIMENTO	5 MINUTOS
RENDIMENTO	3 VIDROS DE 600 ML

CONSERVA DE

PIMENTA CAMBUCI RECHEADA

Aromática, crocante e doce, a pimenta cambuci tem formato atraente e pode ser a estrela do prato. Basta usar a criatividade e recheá-la com os mais variados sabores ou mesmo consumi-la em saladas, aproveitando sua crocância.

INGREDIENTES

24 pimentas cambuci
12 colheres (sopa) de coalhada seca
18 grãos de pimenta-do-reino preta
3 dentes de alho laminados
3 galhos de tomilho
3 colheres (chá) de sal grosso
3 xícaras (chá) de azeite de oliva

PREPARO

1. Limpe as pimentas com álcool 70%.
2. Faça uma incisão na parte inferior da pimenta e, com uma faquinha, retire as sementes e a placenta (parte branca em que as sementes ficam presas) da pimenta.
3. Com a ajuda de um saco de confeiteiro, recheie as pimentas com a coalhada seca.
4. Disponha em vidros já esterilizados. Acrescente os grãos de pimenta preta, o alho laminado, o tomilho e o sal grosso em partes iguais para cada vidro.
5. Encha os vidros com azeite e lacre bem. Conserve na geladeira por até 20 dias.

DICA USE AS PIMENTAS RECHEADAS PARA DECORAR QUIBE ASSADO E FAÇA PIPOCA COM O ÓLEO DA CONSERVA.

TEMPO DE PREPARO	40 MINUTOS
TEMPO DE COZIMENTO	40 MINUTOS
RENDIMENTO	3 VIDROS DE 600 ML

ANTEPASTOS E PICLES

SARDELA

Um clássico antepasto da gastronomia italiana que caiu no gosto dos brasileiros. À base de pimentão vermelho e regado com azeite, a sardela é simples, porém de sabor inigualável.

TEMPO DE PREPARO	20 MINUTOS
TEMPO DE COZIMENTO	30 MINUTOS
RENDIMENTO	500 G

INGREDIENTES

1 xícara (chá) de azeite de oliva
5 dentes de alho picados
2 cebolas grandes picadas
1 kg de pimentão vermelho cortado
100 g de anchova sem óleo
2 latas de sardinha com óleo
1 colher (sobremesa) rasa de erva-doce em grãos
1 colher (sobremesa) rasa de pimenta dedo-de-moça sem semente e picadinha
4 colheres (sopa) de salsinha picada
Sal a gosto
150 mℓ de azeite de oliva para regar

PREPARO

1. Aqueça o azeite, doure o alho e a cebola, junte o pimentão e refogue por 20 minutos. Espere amornar e bata no liquidificador com a anchova e a sardinha até ficar homogêneo.
2. Coloque a mistura obtida na panela, agregue a erva-doce, a pimenta e a salsinha. Volte ao fogo, mexendo ocasionalmente, até ficar com aspecto granulado e seco. Tempere a gosto.
3. Deixe esfriar e corrija o sal. Acondicione em um refratário, regue com o azeite por cima e cubra bem. Deixe por dois dias na geladeira antes de servir.

BERINJELA À PIEMONTESE

No Brasil, a berinjela tornou-se a queridinha não só sob a forma de antepastos, mas também na preparação de receitas para uma alimentação saudável, além de ser grande aliada no combate ao colesterol e ao diabetes.

INGREDIENTES

PARA A BERINJELA

4 berinjelas
100 mℓ de vinagre branco
1 colher (sopa) de sal
2 ℓ de água

PARA O MOLHO

200 mℓ de azeite de oliva
8 dentes de alho picados
1 cebola grande picadinha
50 mℓ de vinagre branco
Sal
Noz-moscada ralada a gosto
100 g de azeitona verde picada
⅓ de pimenta dedo-de-moça picadinha
2 colheres (sopa) de salsa fresca picada
2 colheres (sopa) de folha de manjericão
100 g de salame picadinho
3 colheres (sopa) de nozes torradas e picadas

PREPARO

BERINJELA

1. Descasque as berinjelas, corte em cubos médios e deixe na água com um pouco de sal e vinagre por 15 minutos. Em seguida, lave e esprema.
2. Em uma panela, coloque o vinagre branco, o sal e a água, e leve ao fogo até abrir fervura. Junte as berinjelas já espremidas e cozinhe até que estejam macias. Escorra e reserve.

MOLHO

1. Em uma panela, aqueça o azeite e doure o alho, junte a cebola e refogue rapidamente. Junte as berinjelas reservadas e o vinagre, e deixe ferver por 3 minutos. Tempere com o sal e a noz-moscada.
2. Deixe amornar, acrescente a azeitona, a pimenta e as ervas, e envolva bem.
3. Disponha o antepasto em um refratário e salpique o salame e as nozes. Regue por cima com um pouco mais de azeite e óleo. Deixe esfriar. Mantenha na geladeira de um dia para o outro antes de servir.

TEMPO DE PREPARO	20 MINUTOS
TEMPO DE COZIMENTO	20 MINUTOS
RENDIMENTO	600 G

DICA SIRVA COM TORRADAS DE PÃO ITALIANO. FICA MARAVILHOSO!

ANTEPASTO DE PIRARUCU SECO

O pirarucu é nativo da Amazônia e é considerado um dos maiores peixes de água doce do mundo, podendo chegar a três metros e 200 kg. É mais consumido em mantas salgadas ao sol, por isso é chamado de bacalhau brasileiro ou bacalhau da Amazônia. Um dos pratos mais conhecidos é o pirarucu de casaca.

INGREDIENTES

1 kg de pirarucu seco (dessalgado e desfiado)
2 pimentões vermelhos (sem pele e sem semente)
2 pimentões amarelos (sem pele e sem semente)
250 mℓ de azeite de oliva
1 cebola grande picada em cubos
200 g de azeitona verde picada
3 dentes de alho picadinhos
200 mℓ de vinagre branco
Sal a gosto
Salsinha a gosto

PREPARO

1. Com o pirarucu já dessalgado e desfiado, teste o sal.
2. Corte os pimentões em julienne (tirinhas) e reserve.
3. Em uma panela, aqueça o azeite e refogue rapidamente a cebola. Agregue os pimentões e refogue bem. Acrescente a azeitona e o alho, e deixe em fogo alto por 5 minutos.
4. Junte o pirarucu e deixe por mais 5 minutos.
5. Coloque o vinagre e em seguida desligue o fogo.
6. Disponha o refogado em um refratário e espere esfriar. Teste o sal.
7. Incorpore a salsinha fresca picada e, se necessário, adicione mais azeite e vinagre.
8. Guarde em refrigeração por até sete dias.

DICA QUE TAL SERVIR ESTE ANTEPASTO COM BATATA COZIDA FRIA E CEBOLINHA, DENTRO DA CASCA DO COCO?

TEMPO DE PREPARO	40 MINUTOS
TEMPO DE COZIMENTO	15 MINUTOS
RENDIMENTO	1,5 KG

ANTEPASTO DE COGUMELO

Quando se fala em cogumelos, a primeira lembrança é o champignon utilizado em receitas de estrogonofe. Porém, esses fungos comestíveis vão além do paris (outro nome para o champignon): shitake, shimeji, portobello, castanho, porcini e hiratake são as espécies mais comuns, que dão origem a pratos magníficos.

INGREDIENTES

3 cebolas
4 pimentões sem pele e sem semente
1 kg de cogumelo (paris, shitake ou shimeji)
6 tomates débora ou italiano sem pele e sem semente
200 g de azeitona verde picada
Azeite de oliva
Sal
Salsinha
Orégano fresco
Cebolinha

PREPARO

1. Corte a cebola, o pimentão, o cogumelo e o tomate em tiras finas.
2. Refogue a cebola até dourar e acrescente o pimentão. Adicione os cogumelos, o tomate e a azeitona.
3. Tempere a gosto e deixe em fogo brando por aproximadamente 25 minutos ou até secar a água dos cogumelos. Reserve até esfriar.
4. Acrescente azeite, sal, salsinha, orégano e cebolinha.
5. Deixe na marinada por até dez dias.

DICA PODE SER SERVIDO COM POLENTA DE CORTE FRIA OU TORRADAS.

TEMPO DE PREPARO	40 MINUTOS
TEMPO DE COZIMENTO	25 A 35 MINUTOS
RENDIMENTO	750 G

ANTEPASTO DE

FEIJÃO-FRADINHO COM CARNE-SECA E ALHO-PORÓ

Feijão-de-corda ou feijão-fradinho, esse alimento é cultivado principalmente nas regiões Norte e Nordeste, e é famoso por ser ingrediente indispensável na preparação de pratos regionais, como o baião de dois e o acarajé.

INGREDIENTES

1 pimentão vermelho (sem pele e sem semente)
100 mℓ de azeite de oliva
400 g de carne-seca dessalgada, cozida e desfiada
1 cebola roxa picadinha
300 g de feijão-fradinho cozido *al dente* e escorrido
2 talos de alho-poró (só a parte branca) cortados em rodelas e branqueados*
½ xícara (chá) de pimenta biquinho
½ xícara (chá) de cheiro-verde

PREPARO

1. Corte o pimentão em cubos e reserve.
2. Em uma panela, aqueça o azeite e frite a carne-seca. Acrescente a cebola e o pimentão, e refogue até secar a água.
3. Disponha o refogado em um refratário e, quando frio, junte o feijão-fradinho, o alho-poró branqueado, a pimenta biquinho e o cheiro-verde.
4. Se necessário, ajuste o sal e o azeite.
5. Deixe em refrigeração por até sete dias.

DICA SIRVA COM SALADA DE MANDIOCA.

* BRANQUEAR: técnica usada para ferver de modo rápido um alimento, ou seja, dar um susto em água quente, retirar imediatamente e finalizar com choque térmico.

TEMPO DE PREPARO	50 MINUTOS
TEMPO DE COZIMENTO	30 MINUTOS
RENDIMENTO	600 G

ANTEPASTO DE
GUARIROBA, ABOBRINHA E JILÓ

Guariroba ou gueroba, esse palmito possui gosto amargo, mas é saboroso. É utilizado em saladas, acompanhamentos e recheios, como no tradicional empadão goiano. É mais popular nos estados de Goiás e Minas Gerais.

INGREDIENTES

1 palmito guariroba cortado em fatias finas
Água
Sal
Limão
3 abobrinhas italianas cortadas em rodelas finas
3 jilós cortados em rodelas finas
3 pimentas dedo-de-moça
12 limões-galegos
2 cebolas roxas cortadas em fatias bem fininhas
Cheiro-verde
Azeite de oliva

PREPARO

1. Para preparar a guariroba, é necessário cortá-la dentro de água previamente salgada e com limão (para que ela não escureça).
2. Faça o mesmo processo com a abobrinha e o jiló, deixando-os na salmoura por 10 minutos. Enxague com bastante água, escorra em uma peneira e deixe secar sobre papel absorvente até estarem bem sequinhos.
3. Disponha todos os ingredientes em um refratário e leve ao forno preaquecido a 220 °C. Deixe por 10 minutos ou até começarem a dourar.
4. Retire do forno e tempere com a pimenta, o limão-galego, a cebola roxa, o sal, o cheiro-verde e o azeite.
5. Este antepasto precisa ficar submerso em limão e azeite para melhor conservação.
6. Mantenha sob refrigeração e consuma em até cinco dias.

DICA SIRVA COM TORRADAS DE BRIOCHE.

TEMPO DE PREPARO	50 MINUTOS
TEMPO DE COZIMENTO	10 A 15 MINUTOS
RENDIMENTO	800 G

ANTEPASTO DE

CASCA DE ABOBRINHA ITALIANA E ALCAPARRA

Nesta receita, são usadas as cascas da abobrinha italiana (reta). Escolha as menores e mais finas, pois terão mais casca e menos miolo, o que propicia um aproveitamento maior da receita. Utilize as sobras para preparar uma sopa ou um creme, ou para refogar com ovos.

INGREDIENTES

PARA A ABOBRINHA

10 abobrinhas italianas (só a casca, não utilize o miolo)
Sal para polvilhar

PARA O MOLHO

200 mℓ de azeite de oliva
6 dentes de alho picados
45 g de anchova escorrida e picadinha
50 g de alcaparra cortada ao meio
100 mℓ de vinagre de arroz
1 colher (sopa) de orégano
Sal
½ pimenta dedo-de-moça
100 g de azeitona preta bem picada
3 colheres (sopa) de folha de hortelã picada

PREPARO

ABOBRINHA

1. Com um ralador grosso, rale em filetes longos toda a parte externa das abobrinhas.
2. Coloque-as em um escorredor e polvilhe com sal por cima. Deixe macerar por 15 minutos, lave em água corrente, esprema bem e empregue no preparo do antepasto.

MOLHO

1. Em uma panela média, aqueça o azeite e refogue o alho. Junte a anchova, a alcaparra, a abobrinha já espremida, o vinagre e o orégano. Mantenha em fogo alto até levantar fervura, temperando com o sal e a pimenta.
2. Distribua o antepasto em um refratário, salpique por cima a azeitona preta e a folha de hortelã picada e regue com um pouco mais de azeite. Deixe esfriar, tampe bem e leve à geladeira até o dia seguinte.

DICA USE OS MIOLOS DAS ABOBRINHAS PARA FAZER UMA FAROFA COM OVOS E PIMENTA BIQUINHO.

TEMPO DE PREPARO	30 MINUTOS
TEMPO DE COZIMENTO	20 MINUTOS
RENDIMENTO	400 G

ALICHELLA

Este antepasto usa o aliche como base. Mas, afinal, qual é a diferença entre o aliche, a anchova e a sardinha anchovada? O aliche é um peixe pequeno de cor azul encontrado no mar Mediterrâneo (Europa), chamado de aliche premium. A anchova é preparada em um processo que envolve salmoura, que é utilizada para curtir o peixe em tonéis por 6 a 12 meses, dessalgação e preparo do peixe para venda. Já a sardinha anchovada, que é mais comum no Brasil, é a sardinha ou a manjubinha que passou pelo processo de salmoura.

INGREDIENTES

- 2 xícaras (chá) de azeite de oliva
- 6 dentes de alho ralados
- 240 g de aliche (anchova) escorrido e picado
- 6 xícaras (chá) de salsinha picada
- 1 xícara (chá) de azeitona verde picada
- 2 folhas de louro
- 2 colheres (sobremesa) de pimenta calabresa

PREPARO

1. Aqueça o azeite, junte os demais ingredientes e cozinhe por 5 minutos. Desligue o fogo e deixe na geladeira até o dia seguinte.
2. Antes de servir, regue azeite por cima.
3. Guarde na geladeira por até sessenta dias.

DICA SIRVA COM PÃO ITALIANO.

TEMPO DE PREPARO	20 MINUTOS
TEMPO DE COZIMENTO	5 MINUTOS
RENDIMENTO	600 G

CAPONATA

Antepasto de origem italiana, ganhou fama no Brasil por seu sabor ímpar, em razão da mistura de sabores marcantes que se harmonizam com a berinjela.

INGREDIENTES

120 mℓ de azeite de oliva
3 dentes de alho
1 xícara (chá) de cebola picada
1 xícara (chá) de bacon picado
3 xícaras (chá) de tomate débora ou italiano picado (sem pele e sem semente)
50 mℓ de vinho branco seco
15 mℓ de vinagre balsâmico
2 colheres (sopa) de alcaparra inteira
1 pimentão vermelho médio (sem pele e sem semente) em tiras
100 g de azeitona verde em lascas finas
4 xícaras (chá) de berinjelas com a casca, em filetes e assadas com orégano
150 g de parmesão ralado
3 colheres (sopa) de manjericão fresco rasgado
Sal
Pimenta
Temperos a gosto

PREPARO

1. Em uma panela, aqueça o azeite, doure o alho e refogue a cebola. Junte o bacon e refogue rapidamente.
2. Junte o tomate e o vinho branco, e cozinhe até obter um molho levemente encorpado.
3. Em seguida, acrescente os demais ingredientes e, ao abrir fervura, desligue o fogo e retire os temperos.

DICA EXPERIMENTE COM PENNE FRIO OU USE NO PREPARO DE BRUSCHETTAS.

TEMPO DE PREPARO	50 MINUTOS
TEMPO DE COZIMENTO	25 MINUTOS
RENDIMENTO	800 G

PICLES DE VERDURA

Muito apreciado para acompanhar bebidas alcoólicas e também como complemento de acidez em recheios para lanches, os picles são uma conserva de legumes, frutas ou verduras marinados em vinagre com sal.

INGREDIENTES

450 g de pimentão em julienne (tirinhas)
350 g de abóbora italiana em rodelas
450 g de cebolinha
225 g de cenoura em rodelas
225 g de pepino em julienne (tirinhas)
200 g de couve-flor em pequenas peças
Vinagre de boa qualidade

SALMOURA

50 g de sal
6 ℓ de água

PREPARO

1. Prepare a salmoura, misturando o sal e a água.
2. Coloque os ingredientes em camadas dentro de uma tigela e adicione a salmoura até cobrir todos os legumes.
3. Pressione um prato sobre as verduras para que todos os ingredientes fiquem imersos na salmoura. Deixe descansar por 18 horas.
4. Coe e disponha em vidros esterilizados, cobrindo todo o vidro com vinagre. Faça o processo de pasteurização por 30 minutos.
5. Conserve o vidro lacrado por 2 semanas antes de consumir.

TEMPO DE PREPARO	SALMOURA: 18 HORAS
TEMPO DE COZIMENTO	–
RENDIMENTO	3 VIDROS DE 800 G

PICLES DE PERA

Contrariando a crendice de que picles precisam ser feitos com legumes ou verduras, aqui apresento uma versão com fruta, que pode ser utilizada para a finalização de pratos ou como acompanhamento para carnes gordurosas.

INGREDIENTES

1,4 kg de pera packham (sem casca e sem semente)
4 canelas em rama
20 g de zimbro
3 pimentas dedo-de-moça sem semente
225 g de açúcar cristal
1,8 ℓ de vinagre de maçã

PREPARO

1. Cozinhe as peras na água por 5 minutos. Retire as frutas da água, coloque em uma panela e adicione a canela, o zimbro, a pimenta, o açúcar e o vinagre. Deixe ferver em fogo brando por aproximadamente 30 minutos, quando estará com aspecto translúcido.
2. Disponha as peras em vidro esterilizado e cubra com o xarope. Faça o processo de pasteurização (vácuo) por 30 minutos.

DICA SIRVA COM PATO OU QUALQUER OUTRA CARNE COM ALTO TEOR DE GORDURA.

TEMPO DE PREPARO	40 MINUTOS
TEMPO DE COZIMENTO	30 MINUTOS
RENDIMENTO	2 VIDROS DE 800 G

PICLES DE MAMÃO

Com polpa doce e macia, o mamão tem cor que varia do amarelo pálido até o laranja. Normalmente, é consumido ao natural ou em doces, sucos, vitaminas e saladas.

INGREDIENTES

6 xícaras (chá) de mamão caipira semimaduro, descascado e picado em pedaços pequenos
1 xícara (chá) de cebola roxa em cubos
3 dentes de alho laminados
½ xícara (chá) de gengibre fatiado
Água para cozinhar
3 xícaras (chá) de açúcar cristal
½ xícara (chá) de água (para a calda)
2 colheres (chá) de suco de limão-galego
1 colher (chá) de pimenta-branca em pó
1 colher (chá) de sal
3 colheres (chá) de especiarias (noz-moscada, canela e outras)

PREPARO

1. Cozinhe o mamão, a cebola, o alho e o gengibre cobertos em água por 8 minutos.
2. Coe-os, coloque-os em uma panela, acrescente a ½ xícara (chá) de água e todos os outros ingredientes. Ferva em fogo brando por mais 20 minutos.
3. Disponha em vidros esterilizados e faça o processo a vácuo por 30 minutos.

DICA O MAMÃO EM PICLES É ÓTIMO ACOMPANHAMENTO PARA CAMARÃO OU CARNE-SECA.

TEMPO DE PREPARO	30 MINUTOS
TEMPO DE COZIMENTO	28 MINUTOS
RENDIMENTO	3 VIDROS DE 600 ML

Índice de

RECEITAS